JANE
GOODALL

Gloria D. Miklowitz

 Dominie Press, Inc.

Director General: Raymond Yuen
Editor Ejecutivo: Carlos A. Byfield
Diseñador: Greg DiGenti
Créditos de fotografía: Jane Goodall Institute (páginas 6, 24, y cubierta); K. Amman/Corbis (páginas 12 y 17); K. Ward/Corbis (página 20)

Publicado por:

℗ Dominie Press, Inc.

1949 Kellogg Avenue
Carlsbad, California 92008 EE.UU.

www.dominie.com

Cubierta de cartón ISBN 0-7685-0507-0
Libro encuadernado ISBN 0-7685-2339-7
Impreso en Singapur por PH Productions Pte Ltd
1 2 3 4 5 6 PH 05 04 03

Contenido

Jane Goodall de niña con un chango o mono de juguete

Capítulo 1

Vida animal

De niña, Jane Goodall ya tenía la paciencia y la curiosidad que la harían una científica que estudiaría el comportamiento animal. Nacida el 3 de abril de 1934, en Londres, ella vivió sus primeros años en el campo en una vieja casa solariega donde su padre, un ingeniero, se había criado. Al lado había una finca grande.

Cierto día, cuando ella tenía cuatro años de edad, Jane se metió encorvada a un gallinero, curiosa por saber de dónde provenían los huevos. Hacía calor y oscurecía, pero ella podía ver a la gallina en su nido a pocos pies de distancia. Se quedó muy quieta, observando por mucho tiempo. Finalmente el ave se levantó. Un objeto redondeado blanco apareció de entre sus patas y cayó a la paja. Era un huevo.

Sumamente emocionada, Jane corrió a la casa a contarle a su mamá, quien había estado preocupada por su larga ausencia. Cuando su madre vio la emoción en los ojos de Jane, no la regañó, sino que se sentó a escucharla.

A través de toda su niñez, Jane mantuvo mascotas y estudió todo lo que podía encontrar sobre la vida animal. Observando a su perro Rusty, estaba convencida de que el perro podía pensar y planear.

Le encantaban los libros sobre la vida animal y los leía una y otra vez, especialmente *The Jungle Book*, por Rudyard Kipling y *The Story of Doctor Dolittle*, por Hugh Lofting. Algún día, soñaba ella, iría a África para observar animales en su estado natural.

Después de graduarse de la escuela secundaria, Jane se matriculó en una escuela de secretariado. Quería ahorrar suficiente dinero para ir a África. Trabajó de secretaria y después en un estudio cinematográfico donde filmaban películas médicas. Con frecuencia visitaba el Museo de Historia Natural de Londres.

Pero no fue sino hasta que cumplió 23 años de edad que su sueño se convirtió en realidad. En 1956, le llegó una carta de una amiga. En la carta la amiga invitaba a Jane a visitar la granja de su familia en Kenya, África. Jane no tenía suficiente dinero para pagar el pasaje a África, pero todavía tenía el gran sueño de ir ahí.

Para ahorrar dinero, se mudó de nuevo al campo y vivió en la misma granja donde se había criado. Renunció al trabajo con el estudio cinematográfico y trabajó de camarera en un hotel grande cerca de la granja. Cuando había ahorrado suficiente dinero, compró un boleto a África.

Capítulo 2

África

Antes de partir, Jane hizo arreglos para trabajar en una compañía grande de Kenya para poder mantenerse durante su estada. Después de su llegada, alguien le comentó, "Si tienes interés en animales, debes conocer al Dr. Louis Leakey". Leakey pensaba que los restos de los primeros seres humanos se encontraban en África. Jane hizo una cita para conocer a este hombre famoso.

La oficina de Leakey estaba abarrotada de papeles, huesos fósiles, dientes, herramientas de piedra, y hasta una jaula con una ratoncita y sus seis bebés. Leakey se impresionó con el conocimiento y entusiasmo de Jane y le ofreció trabajo de secretaria.

Cierto día, mientras caminaban juntos, Leakey le comentó a Jane acerca de un grupo de chimpancés que habitaban los terrenos cerca de un lago remoto. Durante años Leakey había estado tratando de encontrar la persona apropiada para que los estudiara. Mientras más hablaba Leakey, más emocionada se ponía Jane, pero no tenía la preparación para tal trabajo. "Louis, ojalá no hablaras tanto acerca de estos chimpancés", dijo ella, "porque ese es el tipo de trabajo que he querido hacer toda mi vida".

"¿Por qué crees que estoy hablando de ello?" preguntó Leakey.

Los chimpancés vivían en una región de terreno escarpado de unas 30 millas cuadradas de superficie. El área era parte de Tanzanía que bordeaba el Lago Tanganyika. La gente pensaba que era peligroso que una mujer joven fuera a la selva. Jane no estaba de acuerdo.

En julio de 1960, a los 26 años de edad, sin preparación especial alguna y con pocos fondos para sustentarse, Jane finalmente llegó a Gombe Stream Nature Reserve. (Después lo nombraron Gombe National Park.) La acompañaban su madre, un cocinero y dos guardabosques.

El Dr. Leakey pensaba que Jane sería buena observadora del comportamiento de chimpancés porque no tenía expectativas acerca de lo que veía.

En esos días, los científicos pensaban que los chimpancés eran simplemente criaturas de la selva. Pero Jane pensaba diferente.

Más tarde ella dijo que su sueño había sido "observar animales libres y salvajes, en su estado natural viviendo su propia vida sin que se les molestara".

Tan pronto como estableció su campamento, Jane subió una colina, buscando chimpancés. Había una selva frondosa. Era casi impenetrable, pero ella se sentía como en casa. Había señales de vida en todo su alrededor. Muchas aves de diferente colorido volaban entre los árboles. Había jabalíes, bushbucks (especie de antílopes grandes), mandriles y algunas veces búfalos, así como serpientes y otros animales.

Durante las siguientes semanas, Jane pasaba entre 10 y 12 horas al día esperando y observando, pero no vio chimpancés.

*Jane Goodall toma fotografías de una familia
de chimpancés*

Se le estaba agotando el dinero.
Tanto ella como su madre contrajeron
malaria. Pero todavía se quedó
observando y esperando.

Entonces cierto día, después de
varios meses, Jane subió un pico y
observó a través de sus binoculares. El
corazón le palpitaba aceleradamente.
Ahí estaban los chimpancés. Pero
cuando la vieron, huyeron por temor.
¿Podría ella acercarse lo suficiente para
estudiarlos?

Capítulo 3

Chimpancés

Jane Goodall casi no podía dormir después de ver los primeros chimpancés. No podía esperar que amaneciera para poderlos seguir.

Los chimpancés son de los más pequeños de los grandes simios, que incluyen a los gorilas y a los orangutanes.

Miden unos 4 pies de alto y pesan entre 100 y 150 libras. Tienen piel color castaño y espeso pelaje negro. Tienen orejas largas, narices pequeñas, un reborde óseo sobre los ojos pardos y labios grandes.

Los chimpancés se consideran como los parientes más cercanos de los seres humanos. Tienen manos que agarran fuerte y ojos que se mueven juntos para la percepción de profundidad. Dependen de la vista más que del olfato para detectar el peligro. Tienen los mismos grupos sanguíneos que el ser humano, y sufren de las mismas enfermedades, especialmente infecciones pulmonares y los desórdenes intestinales.

Jane esperaba aprender más de lo que ya sabía acerca de estos animales. Sabía que sólo con el tiempo podría acercárseles. La selva densa hacía difícil seguirlos.

Algunas veces se encontraba cara a

cara con animales peligrosos. La malaria y otras enfermedades tropicales eran una amenaza constante.

Jane anduvo tras la tropa de chimpancés que vio primero, y después aprendió a buscarlos en los árboles que tenían frutas maduras. Durante ocho meses los chimpancés huían cuando ella se les acercaba a 150 pies de distancia. Tardó otros seis meses para poder acercárseles a treinta pies de distancia.

Cada mañana se despertaba a las 5:30 y desayunaba café y pan. Empacaba en su mochila un almuerzo ligero de carne enlatada o un emparedado y un termo con café. Vestía shorts y camisas color canela para armonizar con la selva y se amarraba el pelo rubio en cola de caballo. Siempre llevaba una libreta, pluma y binoculares. Entonces salía a buscar los árboles donde estarían los chimpancés.

Jane Goodall se comunica con un chimpancé bebé

Capítulo 4

David Barbagris

El primer chimpancé que aceptó a Jane Goodall fue un macho grande. Ella lo nombró David Barbagris (David Greybeard). Una tarde al regresar al campamento, el cocinero le dijo que un chimpancé macho había llegado al claro de la selva para comer la fruta del árbol que ahí crecía. El chimpancé también se había metido a la tienda de campaña de Jane a llevarse unos plátanos. Era David Barbagris. Regresó otras tres veces más a comerse nueces y plátanos. Un mes después, cuando otro árbol produjo frutas maduras, regresó y hasta tomó un plátano de la mano de Jane.

Eventualmente, Jane le puso nombres a todos los chimpancés del área. Además de David Barbagris, estaba Goliat, un chimpancé inusualmente enorme, quien llegó a ser el macho alfa, el líder de la tropa. Flo era una hembra fea pero gentil, a cuyos hijos Jane les puso Faben, Figan, Flint y Fifi. Y había muchos más.

Jane aprendió de Flo que los chimpancés hembras en estado natural se reproducen cada cinco o seis años. Cada bebé se montaba en la espalda de Flo. Ella los limpiaba y les mostraba los alimentos que podían comer y cómo hacer un nido. Protegía a sus hijos

*Jane Goodall lleva un chimpancé en brazos
en el Gombe National Park en Tanzanía*

valientemente si algo los amenazaba.

Cierto día, Jane observó a David Barbagris que estaba situado en un termitero gigante. Metió el dedo en una abertura pequeña. Con los dedos y la boca arrancó la hierba silvestre a un vástago largo. Entonces metió el vástago en el hoyo. Cuando sacó el vástago, éste estaba cubierto de insectos, lo que lamió como si fuera caramelo. Después volvió a meter el vástago al hoyo. También observó a otro chimpancé, que ella nombró Goliat, hacer lo mismo.

En otra ocasión, Jane observó a un chimpancé tratando de tomar agua de un pequeño hoyo en el tronco de un árbol. El hoyo era demasiado pequeño para que la boca del chimpancé llegara al agua. El chimpancé estrujó algunas hojas, los remojó y chupó el agua de las hojas. Estas acciones le mostraron a Jane que los chimpancés podían razonar y usar herramientas simples para resolver problemas. Antes de hacer sus observaciones, los científicos presumían que sólo los seres humanos hacían y usaban herramientas. Pero estos chimpancés probaron que estaban equivocados.

Todas las tardes, Jane escribía en su diario lo que había observado. Lo que escribía le interesaba al mundo entero.

Capítulo 5

Extraordinario y diferente

En 1961, la National Geographic Society donó dinero adicional para la investigación de Jane Goodall. La sociedad envió a Hugo Van Lawick a África a tomar fotografías de los chimpancés. Van Lawick descubrió que Jane llevaba una vida muy frugal,

Jane Goodall, fundadora del Instituto Jane Goodall

y tenía sólo un cuchillo, un tenedor y un plato para comer. Él compró suministros adicionales que les haría la vida más tolerable.

Entre las muchas fotografías que tomó Van Lawick estaban unas que mostraban a los chimpancés matando y comiendo animales más pequeños y compartiendo su festín. Antes de que Jane escribiera acerca de este comportamiento, la gente pensaba que todos los chimpancés eran vegetarianos.

Jane y Van Lawick se casaron en 1964. Su hijo, Hugo Eric Louis, apodado "Grub", nació en 1967. Jane modeló su comportamiento de madre basado en Flo, llevando a Grub dondequiera que fuera.

Al principio, Jane creía que los chimpancés eran más bondadosos y gentiles que los seres humanos. Con el tiempo, llegó a comprender que también tenían su lado siniestro. Se dieron incidencias de chimpancés adultos que mataban a chimpancés infantes. Cierta vez se desató una guerra entre chimpancés del norte y del sur que continuó hasta que todos los del sur habían sido eliminados.

Después de 30 años en África, Jane se encariñó mucho con la hija de Flo, Fifi. Los hijos de Fifi son Freud, Frodo, Fanni, Faustino, Flossy, Ferdinand, Fred y Flirt. Cada chimpancé es extraordinario y diferente a su manera.

Hoy en día, Jane viaja por el mundo, dando charlas acerca de los chimpancés y la necesidad de proteger el ambiente para todos los seres vivos. Dice que por toda África estas criaturas asombrosas, tan parecidas a los seres humanos, deben ser protegidas. Los bebés de chimpancés son vendidos como mascotas, o usados en experimentos biomédicos o para diversión.

En Burundi, donde casi todas las selvas han sido destruidas, sólo quedan 4 por ciento de los chimpancés. Urgido por Jane, el presidente de ese país acordó reservar parte de la selva para los chimpancés restantes.

Jane lucha por mejorar las condiciones de vida de los chimpancés en los zoológicos, laboratorios de investigación médica y otros lugares. Ella no está de acuerdo que se usen parientes tan cercanos a los seres humanos en la investigación.

"Se trata de respetar los derechos del individuo a la vida y al disfrute de ciertas libertades, sea humano o no", dice Jane. "Todos tenemos cierto lugar en el mundo y eso lo debemos de respetar".

Se puede obtener más lectura sobre Jane Goodall y su labor en una biblioteca o visitando su sitio Web en www.janegoodall.org.

Glosario

abundan - contiene mucho de alguna cosa.

alfa - en biología, el líder de un grupo de animales de la misma especie.

binoculares - aparato que consta de dos tubos provistos de lentes y que se usa para ver a distancia.

Burundi - un pequeño país del este de África.

bushbuck - un antílope africano grande.

impenetrable - difícil que algo o alguien pueda entrar.

Kenya - un país grande del este de África.

Lago Tanganyika - un lago grande del este de África que limita con Burundi, Rwanda, Tanzanía, la República Democrática del Congo (antes llamada Zaire) y Zambia.

malaria - una enfermedad tropical transmitida por la picadura de mosquitos; antes casi siempre era fatal, pero ahora los médicos pueden tratarla con antibióticos.

preparación - estudios o experiencia previa.

remoto - lejos y de difícil acceso.

secretaria - alguien que se encarga de la correspondencia personal o comercial.

Tanzanía - un país grande del este de África.

tropa - en biología, el nombre dado a un grupo de chimpancés.

vegetariano - una persona o un animal que sólo come plantas o productos hechos de plantas.